TANGSHENG XUEFA

唐生学法

第八辑

福建省泉州市人民检察院
福建省晋江市人民检察院 ◎编

中国检察出版社

图书在版编目（CIP）数据

唐生学法 . 第八辑 / 福建省泉州市人民检察院，福建省晋江市人民检察院编 . —— 北京：中国检察出版社，2023.12

ISBN 978-7-5102-2852-0

Ⅰ . ①唐… Ⅱ . ①福…②福… Ⅲ . ①法律—中国—学习参考资料 Ⅳ . ① D920.4

中国国家版本馆 CIP 数据核字（2023）第 227920 号

唐生学法（第八辑）

福建省泉州市人民检察院　福建省晋江市人民检察院 / 编

责任编辑：杜英琴
技术编辑：王英英
封面设计：徐嘉武

出版发行：中国检察出版社
社　　址：北京市石景山区香山南路 109 号（100144）
网　　址：中国检察出版社（www.zgjccbs.com）
编辑电话：（010）86423766
发行电话：（010）86423726　86423727　86423728
　　　　　　（010）86423730　86423732
经　　销：新华书店
印　　刷：北京联合互通彩色印刷有限公司
开　　本：889 mm×1194 mm　32 开
印　　张：2.75
字　　数：27 千字
版　　次：2023 年 12 月第一版　2023 年 12 月第一次印刷
书　　号：ISBN 978-7-5102-2852-0
定　　价：22.00 元

编委会

项目策划：王文龙

主　　编：姚婉萍

文案设计：蔡燕丹

目录

第一回:
荒唐顶包牵出的
"保险诈骗案"

几天后……

经调查，当天开车的是你本人！为何要他人顶替？

呜呜……我……我还没有驾照，怕保险不给理赔，就让我男朋友顶替驾驶员了！

李某无证驾驶车辆，并由同行人员顶替司机，成功获得保险理赔款项八万余元。本庭宣判两人犯"保险诈骗罪"……

芳芳有约

本期话题——保险诈骗

保险诈骗罪是指以非法获取保险金为目的，违反保险法规，采用虚构保险标的、保险事故或者制造保险事故等方法，向保险公司骗取保险金，数额较大的行为。

我那天刚好有急事离开了，如果当天我在现场及时告知"顶包"这一情况，结果会不一样吗？

根据《关于保险诈骗未遂能否按犯罪处理问题的答复》，行为人已经着手实施保险诈骗行为，但由于其意志以外的原因未能获得保险赔偿的，是诈骗未遂，情节严重的，应依法追究刑事责任。

我突然想到可怕的"杀妻骗保案"。

故意杀人行为和保险诈骗行为并存的，数罪并罚。

做事敢担当，莫生歪邪念，谨记，法律权威不容挑衅！

欲知后事如何，请看下回分解！

第二回：
传家宝能卖吗

中华文化博大精深，I love China！

五里桥茶馆

那天大妈把传家宝文物卖给了外国人！

违反文物保护法规，将收藏的国家禁止出口的珍贵文物私自出售或者私自赠送给外国人的，构成非法向外国人出售、赠送珍贵文物罪。

犯法了？这么严重！那文物是大妈祖辈留下的，也不行吗？

国家文物如果是依法继承的，可以收藏，但不可以进行买卖！

还有以下情形，一样违法！

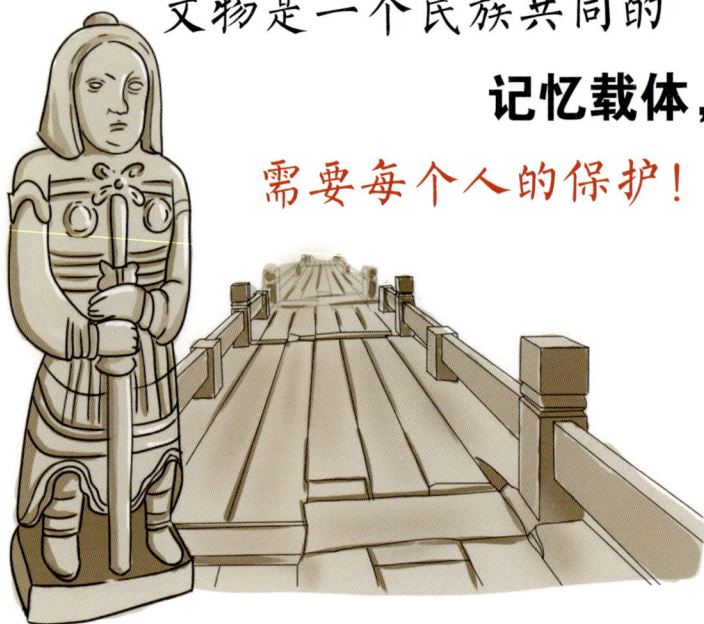

文物是一个民族共同的 **记忆载体**，需要每个人的保护！

欲知后事如何，请看下回分解！

下班了

第三回：
伪造银行"存款单"，犯法

期待～

疑点①
字迹较模糊

疑点②
纸质太光滑

XXX银行　定期存单
户名　账号
市辖行　金额
开户行
存入时间　存入时间

假

居然有人拿着假"存款单"来取钱！

不应该啊，大妈不是这种人。

这种"坑货"老公还能要吗？

这个问题我评价不了，但我们从刑法上评价，他已经涉嫌伪造金融票证罪。

根据《刑法》第一百七十七条的规定，伪造、变造金融票证罪是指伪造、变造汇票、本票、支票、委托收款凭证、汇款凭证、银行存单、信用证或者附随的单据、文件，以及伪造信用卡等金融票证的行为。

这种行为不仅侵害了国家关于金融管理的制度，还侵害了金融票据的公共信用及银行等金融机构的信誉。

如果有人出于个人兴趣，也没有流通，只是收藏呢?

如果纯粹因为个人兴趣等原因伪造、变造金融票证，用以自我欣赏、收藏，而不使其流通的，可视为情节显著轻微危害不大而不认为构成犯罪。

"维护金融秩序
反假人人有责"

欲知后事如何，请看下回分解！

第四回：
办假证——不是"捷径"，是"深渊"

可以做外送！

App 商家入驻资质：

· 需持有《食品经营许可证》

....

....

过了几天，小区里……

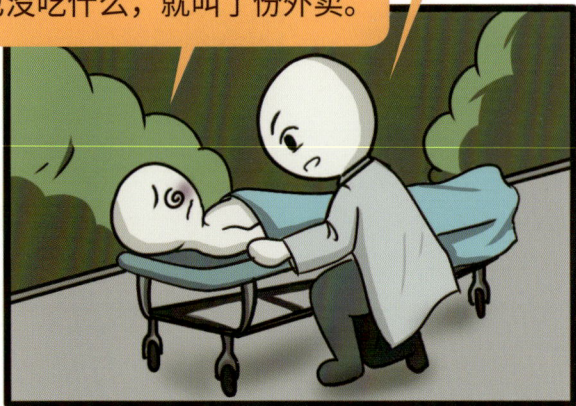

芳芳有約

本期话题——伪造、变造、买卖国家机关公文、证件、印章

看到新闻了，大妈犯错误了！

大妈办了假食品经营许可证、假驾照，这些行为已经触犯了法律。

《刑法》第二百八十条（第一款） 伪造、变造、买卖或者盗窃、抢夺、毁灭国家机关的公文、证件、印章的，处三年以下有期刑、拘役、管制或者剥夺政治权利，并处罚金；情节严重的，处三年以上十年以下有期徒刑，并处罚金。

（第三款） 伪造、变造、买卖居民身份证、护照、社会保障卡、驾驶证等依法可以用于证明身份的证件的，处三年以下有期徒刑、拘役、管制或者剥夺政治权利，并处罚金；情节严重的，处三年以上七年以下有期徒刑，并处罚金。

努力勤恳、脚踏实地，才能干出一番大事业！

欲知后事如何，请看下回分解！

下班了

第五回：
倒卖车票可能犯法，切勿铤而走险

第五回：倒卖车票可能犯法，切勿铤而走险

芳芳有约

本期话题——倒卖车票

唐生，你不是去参加婚礼了吗？

我买不到票，居然有一个穿制服的"黄牛"有票，但要我出十倍的车票钱，如果我跟她买，岂不是助长了这种风气，结果就没去成。

那可能涉嫌犯罪，如果她真的是铁路职工，属于情节加重犯。

《刑法》第二百二十七条（第二款）倒卖车票、船票，**情节严重**的，处三年以下有期徒刑、拘役或者管制，并处或者单处票证价额一倍以上五倍以下罚金。

有哪些行为属于"情节严重"呢？

高价、变价、变相加价倒卖车票或者倒卖坐席、卧铺签字号及订购车票凭证，票面数额累计在五千元以上，或者非法获利数额累计在二千元以上的，构成刑法第二百二十七条第二款规定的倒卖车票"情节严重"。

若有以下情节，依法从重处罚：

① 铁路职工倒卖车票或与其他人员勾结倒卖车票；

② 组织倒卖车票的首要分子；

③ 曾因倒卖车票受过治安处罚 2 次以上，2 年内又倒
  卖的。

要票吗！

年底"返乡潮"来临之际，切勿铤而走险，以身试法。

欲知后事如何，请看下回分解！

第六回：
守好"养老"钱包，警惕养老诈骗

呵呵呵，今天的业绩出现了。

坏笑——

来来来！走过路过不要错过！

"老妈乐购物商场"开业大酬宾啦！

欢迎来 xx 饭店听课！

听完课凡申请成为会员，在商场购物都可以获得相应累计额度的购物券回馈。

这样一来，买东西等于不要钱！

会员等级:

1. 银卡会员: 一次性储值 1280 元;
2. 金卡会员: 一次性储值 6400 元;
3. 钻卡会员: 一次性储值 12800 元;
4. 白卡会员: 一次性储值 19200 元;
5. 翡翠会员: 一次性储值 25600 元!

不能让自己亏本啊！为了回本，明天多去听两节课。

第二天……

您呼叫的用户已关机。

芳芳有约

本期话题——养老诈骗

芳芳，大爷大妈他们在"老妈乐购物商场"消费得好好的，商场这样一声不吭地突然倒闭，之前大爷大妈们在商场充值的钱该怎么办？

报警！这是遭遇养老诈骗了！

第六回：守好"养老"钱包，警惕养老诈骗

养老诈骗就是以提供"养老服务"、投资"养老项目"、销售"养老产品（保健品、收藏品）"、宣传"以房养老"、代办"养老保险"、开展"养老帮扶"等为名实施的侵害老年人合法权益的诈骗、集资诈骗、合同诈骗、非法吸收公众存款、组织领导传销活动、生产销售伪劣产品等违法犯罪活动。

几天后……

> 打击整治养老诈骗，
> 义不容辞、刻不容缓!

欲知后事如何，请看下回分解！